Cupón para la Biblioteca Virtual

Accede a la versión eBook de este título por solo **1,99 €**. Con la compra de este libro puedes utilizar el siguiente cupón para la lectura en *streaming** desde la Biblioteca Virtual. **Sigue estas instrucciones** para visualizar tu libro:

1. Dirígete a la web de la Biblioteca Virtual **https://ebooks.eunsa.es/library**.

2. En la web ve a **Iniciar sesión** e introduce tu email y contraseña. Si no estás registrado, deberás completar el proceso en **Registrarse.**

3. Tras registrarte, accede a la página del libro o lee el QR de esta página. Bajo el precio podrás **insertar el código oculto en el siguiente cupón** para activar la promoción.

Despegue para visualizar

Acceso directo al eBook

No se admitirá la devolución del libro si el código promocional ha sido manipulado.

Canjéalo en ebooks.eunsa.es

*Con acceso a internet desde cualquier navegador.

Barbie eres tú
La mujer *millennial* ante
el feminismo vital

Primera edición: 2025

© 2025. Gema Pérez Herrera

Ediciones Universidad de Navarra, S.A. (EUNSA)

Campus Universitario / Universidad de Navarra /
31009 Pamplona / España

+34 948 25 68 50 / www.eunsa.es / eunsa@eunsa.es

ISBN: 978-84-313-4017-9
DL NA 721-2025

Printed in Spain – Impreso en España

Ilustración de la portada: Pedro Perles

Diseño editorial y maquetación: Jokin Pagola

Imprime Podiprint

temas de **nuestro tiempo**

BARBIE ERES TÚ

La mujer *millennial* ante el feminismo vital

Gema Pérez Herrera

EUNSA

A mis padres, que me enseñaron a ver cine.
A Pablo, que me guía en estos territorios de frontera.
A todos mis *millennials*.

ÍNDICE

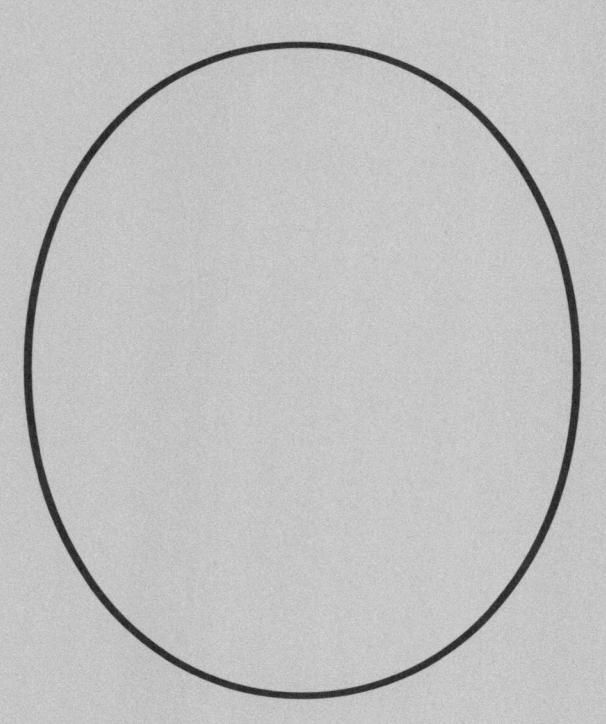

Barbie piensa en la muerte

«¿Y vosotros, nunca pensáis en la muerte?».

La escena se congela en Barbieland. Las luces dejan de centellear y la melodía emite un último y lastimoso quejido antes de silenciarse. Las *barbies* y *kens* que bailaban desenfadadamente en esa noche —¡de miércoles!— al ritmo de Dua Lipa se paralizan. Todos vuelven sus rostros perfectos para mirar con la boca abierta, entre la estupefacción y el reproche, a Barbie Estereotípica, la muñeca protagonista de la película, que acaba de pronunciar la pregunta.

Se impone un silencio incómodo. Estupenda y brillante, Barbie Estereotípica se ve en un aprieto por haber mentado lo innombrable. Algo así como cuando a un adulto se le escapa, con los niños delante, que los Reyes Magos son los padres. La magia se ha roto y no hay perdón para el bocazas. Pero parece que sí para Barbie. Barbieland, al fin y al cabo, es un lugar de felicidad y ensueño donde todo es posible para las mujeres. Así que, simplemente, Barbie recula, dice que se muere —¡ups!— por bailar y todo vuelve a su festiva normalidad.

¿Todo? No, no todo. Aunque siga la fiesta, la muerte ha entrado en el paraíso, y con ella el temor y el progresivo deterioro físico de la muñeca protagonista. Primero es una mala noche, luego el mal aliento, la leche cortada. Después llega una caída inesperada, los pies planos y, por último, la celulitis. La perfección se ha roto. La crisis está servida.

La escena con la que la directora Greta Gerwig (Sacramento, EE. UU., 1983) marca el primer punto de giro en el guion de *Barbie* (2023) es probablemente uno de los retratos más agudos, divertidos y certeros del estado de la cultura contemporánea. Una sociedad dinámica, próspera en lo material, donde vivir bien es sinónimo de abundancia y placer. Aquí y ahora, el único pecado es no ser feliz —o al menos no aparentarlo—. Obsesionados con la eterna juventud y la perfección física, hemos creado los filtros fotográficos, las dietas intermitentes y las cirugías estéticas. Las mujeres de cuarenta visten como las de veinte, las de sesenta como las de cuarenta, y a nadie le gusta que le llamen *señora*. Los gimnasios se abarrotan en un alienante culto al cuerpo, que muchas veces va más allá del bienestar físico e incluso del mental. Envejecer se ha vuelto una decisión personal, casi una negligencia. Si envejeces es porque quieres: no te cuidas lo suficiente, no te has iniciado en las rutinas del *skincare* o el bótox mucho antes de que apareciese tu primera arruga en la frente. Por no hablar de las canas y no digamos ya las estrías.

Estamos llamados a la belleza y a la felicidad, y parece que es a través del mercado de consumo como debemos alcanzarlas. Ser joven es un valor al alza, y esto implica continuar saliendo de fiesta y de *tardeos*, arrastrar el estado postuniversitario durante más de una o dos décadas, viajar por medio mundo y no tener más compromiso que el de un buen trabajo que te permita vivir al ritmo que te marca, precisamente, ese espejismo de felicidad. «El dinero no da la felicidad —ironizaba en cierta ocasión Woody Allen, uno de los cineastas que, con mayor o menor acierto, ha hurgado en las heridas de la sociedad occidental—, pero proporciona una sensación tan parecida que hay que ser un especialista para diferenciarlos».

¿Y dónde queda la muerte? Como en Barbieland, también es hoy un tema tabú. No queremos morir sino «marcharnos» y, si el viaje se pone difícil, decidir el momento de partir y así ahorrarnos los sufrimientos propios y ajenos. En muchos tanatorios ya es difícil velar a un muerto. Es poco decoroso pasar por el mal trago de ver el estado de nuestro cuerpo cuando nos abandona el alma. Preferimos sentarnos en sillones de polipiel colocados al margen, en torno a unas flores, y obviar que, al doblar la esquina, detrás de un cristal, en un féretro, hay una parte de alguien a quien amábamos y cuyo estado nos apela en lo más hondo.

UNA CUESTIÓN DE VIDA

La pregunta por la muerte es la gran pregunta por la vida. Al terminar la Segunda Guerra Mundial, el director Roberto Rossellini rodó una de las obras maestras del neorrealismo italiano: *Roma ciudad abierta* (1945). La película recoge las historias verídicas de algunos miembros de la Resistencia italiana durante la ocupación nazi, incluido un sacerdote católico, el Padre Pietro, que colaboró con ellos y los asistió espiritualmente. Los nazis lo detuvieron y lo sometieron a un proceso de juicios y torturas que terminó con su condena a muerte. «Tenga valor», le dijo uno de sus acompañantes momentos antes de la ejecución. A lo que el sacerdote respondió: «No es difícil morir bien, lo difícil es vivir bien».

Interrogarnos por la muerte nos lleva inevitablemente a preguntarnos por la persona. Y no porque seamos seres para la muerte, parafraseando a Heidegger, sino porque estamos hechos para la

«Ese frenazo en seco
que experimentan
barbies y kens en
la pista de baile es
el mismo que sufre
nuestro mundo cuando
la muerte nos golpea de
manera inesperada o
catastrófica»

vida. Del sentido y valor que demos a nuestra muerte dependerá nuestra manera de vivir la existencia que nos ha sido dada; una existencia que, además, algunos creemos que se convertirá en eterna. Pensar en la muerte nos ayuda a saber cómo vivir y también a preguntarnos quiénes somos.

Por eso la pregunta de Barbie pincha el globo, distorsiona la idea de la vida que nos venden desde tantas marquesinas, escaparates y *post* de Instagram. La escena que crea Gerwig retrata una cultura que pretende vivir sin afrontar la cuestión sobre la que deberíamos construir nuestras auténticas «casas de ensueño». Ese frenazo en seco que experimentan *barbies* y *kens* en la pista de baile es el mismo que sufre nuestro mundo cuando la muerte nos golpea de manera inesperada o catastrófica.

¿Qué busca Greta Gerwig? ¿Quién es esa joven cineasta californiana que, con solo tres películas como directora y algunas más como actriz, se ha coronado como una de las mujeres más poderosas de Hollywood? ¿En serio tiene algún sentido hablar de la vida y de la muerte con una muñeca tan insustancial y frívola como Barbie? ¿Qué tiene que ver Barbie conmigo?

Todo. Porque Barbie eres tú. Y Gerwig. Y yo. Estamos ante una película que busca hablar sobre la valía del ser humano y que también de un modo muy especial atiende a la especificidad femenina. Y no solo esto: Greta Gerwig plantea desde la vida

16

real de la mujer *millennial* una alternativa a tantas propuestas ideológicas que, hoy en día, pretenden decirnos qué somos, qué debemos ser o qué no debemos ser los hombres y las mujeres.

Este libro, que amplía el ensayo homónimo que publiqué en el número 719 de la revista *Nuestro Tiempo*, quiere ser una arqueología de la pregunta por la vida en la cultura contemporánea. Más en concreto, me interesa cómo algunas creadoras *millennials* han respondido a esa pregunta a través de obras poderosas, honestas y despolitizadas. Su mirada específicamente femenina y del todo contemporánea no puede adscribirse a un feminismo ideológico ni *woke*, sino más bien a lo que yo llamo un *feminismo vital*. Su arte y su pensamiento emergen de la vida vivida, de la experiencia femenina actual, y en ocasiones cuestionan o contradicen la ideología dominante con la honestidad como arma.

Barbie eres tú es, por lo tanto, un libro sobre lo humano a través de la mirada y la experiencia vital de mujeres cineastas *millennials*. En el primer capítulo, «Ida y vuelta a Barbieland», trazaré una guía de visionado de la película *Barbie*, o al menos trataré de desentrañar los tres niveles en los que puede verse la cinta, y que ejemplifican a la perfección este *feminismo vital* del que hablo. En «Barbie en el mundo real» trataré de diseccionar el humus cultural del que salen y al que en cierto sentido se enfrentan Gerwig y otras cineastas afines. Es decir, procuraré delimitar el itinerario por el que el feminismo ha llegado a ser lo que es hoy. Por último, en «Barbie en zapatillas», señalaré los hilos que unen el cine de Greta Gerwig con el de creadoras del universo hispanohablante como Pilar Palomero, Carla Simón, Alauda Ruiz de Azúa o Ana Iris Simón. Creo que así el retrato es más sincero. No estamos solo ante una directora genial, sino ante una nueva corriente artística que me atrevo a decir que antecede a un cambio de pensamiento, o que al menos está hablando de una reacción de la mujer ante ciertos discursos contemporáneos. Si están dispuestos a montarse en el descapotable rosa, vamos a descubrirla.

Ida y vuelta a Barbieland

En el verano de 2023, un tsunami rosa y brillante lo inundó todo. A casi nadie le resultó indiferente el resurgir en pantalla grande de una muñeca tan icónica, y, al mismo tiempo, tan olvidada, a través de una película que algunos calificaron con orgullo de *feminista*. Otros renegaron de ella como panfleto *woke*, y muchos espectadores confesaban salir del cine sin saber muy bien qué pensar. En líneas generales, es muy divertida, pero también a ratos desconcertante. Sus diálogos resultan inteligentes, aunque da algo de vértigo asomarse y atisbar el fondo que ocultan. «¡Pero si *barbie* es una muñeca bastante tonta!», «¡Y para niñas pequeñas!», «¿En serio está ridiculizando de forma tan descarada a los hombres?», «¿Cómo puede reírse de estas cosas con lo que está cayendo ahí fuera?». Por no hablar de que en la historia todo sucede tan rápido, y llega a ser tan sorprendente, que quizás más de una neurona sufrió algún esguince al tratar de seguir el ritmo.

Barbie es una película que se pregunta qué hace valiosa la vida de una mujer, y en la que también planea una pregunta que es hoy muy espinosa: ¿Qué es una mujer? Para responder a todo ello, Gerwig y su marido, el también cineasta Noah Baumbach, escribieron un guion de apariencia alocada y con tres grandes niveles de sentido, cada cual más profundo: el ideológico, el personal y el espiritual. Es muy significativo que la única condición que la directora puso a la hora de aceptar el proyecto fuese escribirlo con Baumbach. No es una película hecha por y para mujeres. En absoluto. Es una historia que habla de la mujer, pero que también habla del hombre, y en ambos asuntos ellos también tienen mucho que decir. No hay duda de que esta complementariedad es parte del éxito y la riqueza de su trasfondo.

CHOQUE IDEOLÓGICO

En el primer nivel, el más evidente, tenemos el relato de la confrontación entre Barbie y Ken por el poder y el control de Barbieland, que los *kens* tratan de convertir en un Kendom (juego de palabras con el término inglés *kingdom*, reino). Después de un viaje al mundo real, Ken descubre el patriarcado y, entusiasmado con la posibilidad de su propio empoderamiento, trata de modelar Barbieland a su imagen y semejanza.

Los guionistas encuentran en la muñeca *barbie* y en todo su séquito (desde la casa de ensueño hasta los *kens* entendidos como accesorios) el dispositivo perfecto para confrontar ciertas ideas sobre el feminismo contemporáneo y su visión del patriarcado. Gerwig retrata su presente: la ideología que hoy se empeña en decirnos qué debe ser un hombre y, de modo aún más insistente, qué debe ser una mujer. Y también, de paso, cómo hemos de construir el mundo perfecto. En este choque de ideas, plagado de ironía, humor, estereotipos de unos y de otros y dobles sentidos, se dejan ver las costuras del feminismo más beligerante, así como algunas de sus falacias.

Las *barbies* y su dominio en Barbieland son el perfecto retrato de la mujer *empoderada*, término habitual del feminismo con el que se anima a las mujeres a mejorar sus condiciones tomando el poder. Barbie viene empoderada de serie: es la muñeca que nació para hacer que las niñas puedan ser lo que quieran. En la década de los sesenta, en pleno cambio cultural, el proyecto de la empresaria Ruth Handler y su marido, los dueños de la compañía de juguetes Mattel, era crear una muñeca que permitiese a las niñas jugar a ser profesionales de éxito, más allá del rol de madres al que les llevaban los tradicionales bebés muñeco.

Como se explica con acierto en la introducción de la película, Barbie tuvo casa propia, trabajo, coche y autonomía antes que muchas mujeres de carne y hueso. También fue presidenta, ganó premios Nobel e incluso, en 1965 —en plena carrera espacial entre Estados Unidos y la URSS—, se adelantó a Neil Amstrong y pisó la luna. Barbie nació para empoderar a las niñas de un nuevo futuro, aquel que el feminismo soñaba con alcanzar. Ella era el meteorito cuya aparición propicia el salto evolutivo de la especie humana. La parodia de la película *2001: Una odisea en el espacio* (1968) con la que se abre la cinta no deja lugar a dudas.

Barbie es muy inteligente y trabaja con la misma dignidad en cualquier profesión, ya sea Barbie Magistrada del Tribunal Supremo, ya sea Barbie Albañil, quien, a pie de calle, transmite energía femenina positiva a todo aquel que pasa a su lado. Y también es bella y atractiva. Siempre va perfecta, del pelo a los tacones, suscitando la admiración de todos y manteniendo una fraternal alianza con el resto de las muñecas. Hay *barbies* de todas las tallas y tamaños, de todas las razas, con todo tipo de atributos e incluso con prótesis, sillas de ruedas, discapacidad... El objetivo es que cualquier niña pueda verse representada en alguna. Aunque, eso sí, Barbie Estereotípica —esa en la que todo el mundo piensa cuando piensa en una *barbie*— es alta, delgada, rubia y de inmaculada tez blanca. Es precisamente contra los atributos estéticos de la muñeca y el estándar de perfección física que transmite contra lo que se rebeló el feminismo de su tiempo, que acabó acusándola de perpetuar los estándares más machistas del mercado sobre la belleza de la mujer.

La película ironiza con todo este mundo de perfección y de artificio *plasticoso*. Todos nos reímos porque reconocemos mucho de nuestra cultura *woke* y de sus estándares en ese mundo ficticio. Vivimos en un contexto que nos exige demasiada perfección, y no es extraño que nos rompamos al intentar alcanzarla. Se nos imponen el éxito profesional y mucho culto al cuerpo: un estilo de vida para el que el ocio placentero se convierte en la aspiración final de nuestro trabajo. Fiesta, buen rollito y gente guapa. Ese es el mundo que huye de la muerte bajo cualquiera de sus formas.

Ken vive aparentemente feliz en este lugar de ensueño para ellas. Se ha adaptado a la estética *barbie* y no hay en él ninguna sombra de eso que hoy se llama *masculinidad tóxica*. En realidad, es un simple accesorio. Barbie no lo necesita en sus ratos de diversión. Hasta que Ken descubre que las cosas pueden ser diferentes, y que si el mundo está hecho a la medida de ella también puede moldearse a la de él. Caballos, coches, neveras de cerveza, abrigos de piel, sacos de boxeo... la caricatura es tan extrema como divertida, porque hay algo de verdad. Y el rizo se riza cuando nos damos cuenta de que Ken, más que un retrato del hombre, también habla de la mujer, de su condición antes del feminismo, de su toma de conciencia de la injusticia y del intento por cambiar radicalmente las tornas *empoderándose*. El péndulo se mueve hacia el otro lado. Los *kens* cambian las leyes, la Constitución y los referentes históricos de su mundo y se hacen definitivamente con el control de Barbieland, ahora el Kendom.

Y entre estereotipos y estereotipos, el guion avanza. Al ceder el poder y someterse a los *kens*, las *barbies* pierden su identidad. Tan solo el empoderamiento vuelve a hacerlas entrar en razón y enfrentarse a Ken, con todo un despliegue de sus clásicas armas de mujer, para recuperar la posición perdida. Y lo consiguen. Sin embargo, las *barbies* han cambiado en el proceso. Han sufrido una transformación interior, que es la que se ha ido retratando poco a poco a través de la protagonista, Barbie Estereotípica. Y esta transformación la lleva a entender que la vida no es tanto una cuestión de logros y de poder, y que el mismo daño que ella sufría bajo la tiranía del Kendom lo sufría Ken en Barbieland. La lucha entre ambos modelos es absurda, revela que no nos enteramos de quiénes somos en realidad, como explicitan los mismos muñecos. Y que solo cuando lo descubramos estaremos preparados para reconocer al otro como merece y vivir en

«Barbie va a uno de los lugares a los que solo pueden ir las mujeres. Al ginecólogo. Este final ha causado sorpresa y desconcierto. Pero la directora se empeñó expresamente en terminar así»

igualdad de condiciones, aceptando la especificidad de cada uno. Ella es Barbie y él es Ken. Iguales
pero distintos, y, además, únicos.

Esta es la propuesta política, una meta que está
por conseguir en muchos ambientes, como también dejan caer ácidamente los guionistas al final
de la película, cuando los *kens* piden un lugar en el
Supremo y las *barbies* les dicen que sí, pero que aún
tienen que prepararse un poco. No es, en cualquier
caso, una propuesta teórica, sino que se fundamen-
ta de manera magistral en el proceso de transformación de Barbie, en lo que ha entendido de la vida
a través de su crisis de madurez y que constituye la
segunda gran dimensión de la historia.

CRISIS DE MADUREZ

En esa transformación, que se representa con el
clásico recurso del viaje —de Barbieland al mundo
real y vuelta—, Barbie se ha enfrentado a la identidad de la mujer y ha descubierto que la realidad no
es perfecta. Su crisis comenzó a través de los sínto-
mas de la edad. La juventud pasa, se marcha su belleza y empiezan los problemas, tanto físicos como
psicológicos o anímicos. Al sentirse fuera de los estándares de éxito de su mundo, Barbie se frustra,
y todo aumenta cuando tiene que enfrentarse además al problema del Kendom. «¡Nunca he querido

que nada cambiara!», le grita la muñeca, desesperada, a Gloria, un personaje que ejerce de *alter ego* humano de Barbie en el mundo real. «Cielo, la vida es eso, un cambio constante», le responde Gloria.

A través de ella, una mujer madre y profesional que también está pasando por la crisis de la mediana edad, Barbie aprende a aceptar sus limitaciones. Reconoce los condicionantes que tiene; que la vida no es perfecta, pero que ha de amarse como es. Gloria, interpretada por America Ferrera, en un discurso que ha trascendido la película, reflexiona sobre las presiones propias y ajenas que puede experimentar una mujer en el mundo de hoy: «Es literalmente imposible ser mujer. Eres hermosa e inteligente, y me mata que no creas que eres lo suficientemente buena. Como siempre, tenemos que ser extraordinarias, pero de alguna manera siempre lo estamos haciendo mal. Tienes que ser delgada, pero no demasiado delgada. No puedes decir que quieres ser delgada, tienes que decir que quieres estar sana, pero también tienes que estar delgada. Tienes que tener dinero, pero no puedes pedir dinero porque eso es grosero. Tienes que ser la jefa, pero no puedes ser mala. Tienes que liderar, pero no puedes aplastar las ideas de otras personas. Se supone que debe encantarte ser madre, pero no hables de tus hijos todo el maldito tiempo...».

Y prosigue: mantenerse joven, ser muy profesional, manifestar sororidad con el resto de mujeres, ser líder, estar guapa pero no demasiado, o al menos no suponer por ello una amenaza para nadie, no cometer errores... En resumen: querer ser perfecta según los estándares que dicta la sociedad, en lo público y en lo privado. Y de manera especial en lo que atañe al aspecto físico. Ambas caen en la cuenta de que todo esto les hace olvidarse de quiénes son y les impide valorarse. La crisis viene cuando nos obsesiona ajustarnos a una idea y no aceptamos la realidad. Por eso Gloria termina proponiendo a Mattel que cree a Barbie Ordinaria: «No extraordinaria, o tal vez sí. A lo mejor es madre, o presidenta, o madre y presidenta, o ni madre ni presidenta. Lleva un top favorecedor y quiere terminar el día sintiéndose a gusto consigo misma».

Estas reflexiones, además de suponer una toma de conciencia, advierten de otro de los riesgos que puede sufrir la generación *millennial* a la que pertenece Gerwig, y que están ahora acercándose junto con los personajes de la película al umbral de la mediana edad. Los estándares de igualdad que el feminismo ha alcanzado pueden llevar a las mujeres a tratar de ser y actuar como hombres, o a poner su meta en lo que antaño estaba reservado solo para ellos. Algo así como tener que demostrarle al mundo —y, sobre todo, a los varones—, que, siendo mujer, eres igual de capaz o incluso mejor. Claro que puedes ser presidenta, pero no eres menos mujer ni estás fallando a tu feminidad si no quieres o no puedes serlo, o si por ser madre renuncias a cierto crecimiento profesional o si por el contrario lo haces compatible... Cada mujer y sus circunstancias son distintas y no hay necesariamente una opción mejor.

Se quedan en el aire unas reflexiones jugosas: el feminismo, con esa obsesión por llegar donde estaba el hombre y ser como él, ¿no ha masculinizado excesivamente su ideal de realización en el trabajo y la vida? ¿No habrá perdido por el camino algo de lo que le es propio a la mujer? ¿No habrá caído en una trampa?

Algo de eso hay. Aunque la respuesta de Gerwig, que ha ido madurando con su cine y que aquí propone con toda radicalidad, es la libertad personal a la hora de vivir como mujer. No hay caminos predeterminados para la felicidad o la realización, simplemente hay que aceptarse y desde ahí ser «lo que queramos [o podamos] ser», como ya decían las *barbies*. Al igual que les había pasado a Barbie y Ken, si nos obsesionamos con una idea o modelo podemos llegar a perder la especificidad de cada uno.

Cabe preguntarse si este mensaje asume como propia la ideología de género. ¿Esa libertad puede llevarme a escoger, incluso, si quiero o no quiero ser una mujer? De nuevo emerge la pregunta: ¿qué es ser una mujer? En la conversación final, Barbie le deja claro a Ken que uno no *es* en función de su trabajo, de su estatus o de sus posesiones. Ni Barbie ni Ken *son* Barbie y Ken por su casa de ensueño, por su ropa de marca o por sus hábitos de vida. La esencia de la identidad radica en algo más profundo.

En este asunto espinoso, el discurso de Gerwig juega con la ambigüedad, con la ironía y los dobles sentidos. De hecho hay cosas que no están claras. ¿Es el muñeco de Allan homosexual o no lo es? Mattel lo creó y luego lo retiró del mercado precisamente por las dudas que generaba ser «el mejor amigo de Ken». ¿Es Barbie Rara un símbolo de la diversidad? ¿Es Barbie Doctora, interpretada por Hari Nef —que se identifica como mujer trans—, una aceptación implícita de que un hombre transexual es también una mujer? Gerwig no lo dice, ni siquiera alude al tema. Su película es un retrato de nuestro mundo tal y como hoy es. Curiosamente, en este retrato ha respetado todas las creaciones de Mattel y no ha inventado ningún muñeco que no sea real. Ni siquiera Barbie Transexual, que fue creada por la empresa en 2022. Pero Gerwig no entra a esta cuestión de manera directa ni evidente, parece que no se posiciona... hasta que llega el final.

En la última escena vemos a Barbie viviendo su vida como mujer, ya no como muñeca. Algo muy importante ha cambiado en ella: al ser humana tiene naturaleza, tiene un cuerpo sexuado y, por lo tanto, va a uno de los lugares a los que solo pueden ir las mujeres. Al ginecólogo. Este final ha causado sorpresa y desconcierto. Pero la directora se empeñó expresamente en terminar así. En la misma línea del estilo juguetón y ambiguo que caracteriza a la película, es legítimo pensar que estamos ante una defensa de lo que hace que una mujer sea mujer: la naturaleza que ha recibido. Aceptar la biología es la base para conocer la identidad de la mujer; luego vienen el resto de especificidades intransferibles que dibujan a cada una y definen cada biografía.

EL CORAZÓN DE LA HISTORIA

Pero aún hay un tercer nivel de lectura; otra realidad más profunda y vinculada con la identidad común de hombres y mujeres sobre la que Gerwig habla. Es el corazón de su película y de su mensaje, y responde a la mirada trascendente que la directora tiene sobre el mundo y la persona. En la película también se habla de Dios y del ser humano como creación y criatura. Ruth Handler, creadora de la muñeca, y Barbie son el reflejo del necesario encuentro con el Creador de toda persona que busque saber quién es ella misma, y sus conversaciones en la pantalla están llenas de profundidad para quien quiera verlo.

En el último encuentro entre Ruth y la muñeca hay una experiencia personal y vital. Gerwig le contó en julio de 2023 a la periodista Willa Paskin, del *New York Times*, un suceso de su infancia que la marcó profundamente. Sus vecinos eran judíos y, en las cenas de *sabbat* a las que alguna vez la invitaban, el padre de aquella familia depositaba sobre ella la misma bendición que sobre sus hijos: «Que Dios te bendiga y te proteja. Que Dios te muestre favor y sea misericordioso contigo. Que Dios te muestre bondad y te conceda la paz». La directora explica: «Recuerdo tener la sensación de "Sean cuales sean tus logros y fracasos durante la semana, lo que sea que hayas hecho o dejado de hacer, cuando vienes a esta mesa, tu valor no tiene nada que ver con eso. Tú eres una hija de Dios. Pongo mi mano sobre ti y te bendigo como hija de Dios en esta mesa. Y ese es tu valor"».

Inesperado final el que quiere dejar con su historia. En la película, además, viene acompañado por la visión de lo que le falta conocer a Barbie para entender lo que significa ser mujer humana. En su viaje espiritual, Barbie ya ha descubierto el sufrimiento, los cambios, la enfermedad, la realidad de la muerte… La creadora, que en un encuentro anterior ya había mirado a su criatura con cariño de madre, le muestra entonces una serie de imágenes de vidas de mujeres, de la infancia a la vejez. Madres con hijas, abuelas con nietas, reuniones familiares, paseos por el campo, tardes de verano, bodas, cumpleaños... Toda una serie de momentos cotidianos de felicidad muy vinculados a la familia y a las relaciones personales. Su película se convierte así en una celebración de la vida, con la aceptación de sus luces y de sus sombras, pero sin olvidar lo fundamental, que también se lo confesó a Paskin: «Quiero que la gente se sienta bendecida; [...] quiero que la gente aprenda a vivir con más plenitud».

Vista en esta clave, *Barbie* resulta luminosa y todo un tratado de antropología pop, sorprendente en el panorama del cine comercial y, muy en especial, en el contexto del feminismo contemporáneo. Gerwig, con toda esta historia, parece querer decir que, bajo ciertas ideologías que tratan de vestir nuestra sociedad, el emperador está desnudo. Y lo hace dominando las reglas del juego y del discurso *woke*, y así consigue zafarse de ser cancelada. Aunque no de ser injustamente excluida de la nominación a mejor directora en los Óscar de 2024. Todo esto explica que *Barbie* sea tan irónica y ambigua, y que requiera que el espectador sepa, además de reír, leer entre líneas.

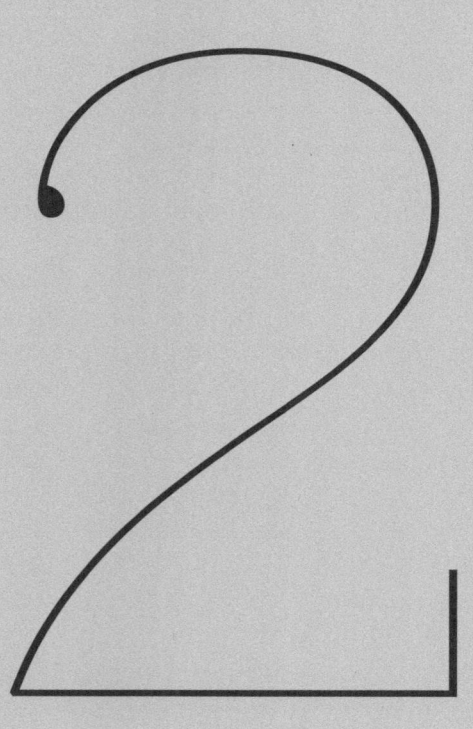

Barbie
en el mundo real

CORAZÓN *INDIE*

Greta Gerwig es de Sacramento, capital del estado de California, en Estados Unidos. Una ciudad humilde y sencilla en la que pasó sus primeros dieciocho años de vida, en el seno de una familia que expresamente buscó marcharse de Nueva York para educar a sus hijos lejos del ritmo desaforado y de la vida consumista de la Gran Manzana. Gerwig creció en contacto con la naturaleza, rodeada de libros, musicales, conciertos de *jazz*, clases de baile y obras de teatro colegiales. Sus únicas *barbies* fueron herencias de sus amigas de juegos, cuando ellas desechaban sus muñecas estropeadas por otras nuevas. Desde niña supo que quería ser escritora, pero de teatro y musicales, y por eso desanduvo el camino a Nueva York, a la costa este, a pesar de haber sido rechazada por tres universidades, y terminó cursando Lengua Inglesa y Filosofía en el Barnard College de Columbia.

Como universitaria no abandonó el teatro ni los libros, y, al acabar la carrera, entró en contacto con un grupo de jóvenes que hacía películas. Eran bastante caóticos, pero se merecieron un nombre dentro del cine independiente. Eran los dl *mumblecore*, jóvenes *millennials*, la generación nacida entre los años 1981 y 1993, que querían contar, con un cine casero y *amateur*, cómo era en realidad su vida. Gerwig se convirtió en su musa. Una mujer genuina, con capacidad para reírse del absurdo y al mismo tiempo de hacerse las grandes preguntas. Tenía, además, agudeza para identificar algunas de las inconsistencias de su generación en la época en la que estaban empezando a vivir como adultos.

Era aquel un cine casi documental y muy expositivo: visualizaba su cotidianidad, en especial sus problemas sexuales y afectivos, pero también la falta de comunicación real que experimentaban en medio del despertar de las nuevas tecnologías y de las redes sociales, en la primera década de los años 2000. El retrato de toda una generación se encuentra bajo los títulos poco conocidos de películas como *LOL* (2008), *Hannah Takes the Stairs* (2007), *Days and Weekends* (2008)... y otras más allá del

«A Gerwig le interesa
la vida femenina y quiere
contar sus historias.
No solo por un legítimo
interés autobiográfico,
sino también porque
el "segundo sexo", su
condición, su papel e
incluso su naturaleza
es objeto de intensos
debates desde el siglo
pasado»

mumblecore en las que Gerwig también participó cuando se consolidó como actriz. Con papeles que siempre le atribuían el mismo personaje de mujer *millennial* en perpetua crisis existencial y búsqueda de sentido.

El primer encuentro con su marido, Noah Baumbach, marcó un antes y un después en la vida de Gerwig. Aunque parecían polos opuestos —ella extrovertida, alocada y divertida, él más bien reservado, serio y de aire sesudo—, eran en realidad almas gemelas. Ambos compartían un gran amor por el cine y la cultura —también en sus facetas más populares—, les gustaba escribir y eran minuciosos con las palabras. Baumbach también realizaba retratos certeros de las crisis de su generación, algo mayor que la de Gerwig, aunque era bastante nihilista en sus planteamientos y conclusiones. En definitiva, eran dos almas inquietas que buscaban respuestas. Juntos escribieron y rodaron dos películas, *Frances Ha* (2012) y *Mistress America* (2015), que inmortalizaron a Gerwig como la *it girl* del cine *indie*, pero donde, además, la joven, apoyada y guiada por Baumbach, comenzó a encontrar su propia voz, que terminó de cristalizar en las tres películas que ha dirigido hasta la fecha: *Lady Bird* (2017), una adaptación del clásico *Mujercitas* (2019) y *Barbie*. Es mucho lo que aprendió de él, tanto que puede decirse que detrás de esta gran mujer se encuentra un gran hombre.

ARROLLADOS POR LA SEGUNDA OLA

La voz que la joven californiana empezó a definir hace poco más de una década era un proyecto que habitaba en ella desde sus años en Sacramento, y al que su paso por el cine *indie* le permitió perfilar y dar contenido. A Gerwig le interesa la vida femenina y quiere contar sus historias. No solo por un legítimo interés autobiográfico, sino también porque el «segundo sexo», su condición, su papel e incluso su naturaleza es objeto de intensos debates desde el siglo pasado. «No es nada fácil ser una mujer», dice el personaje de Gloria en *Barbie*. Y, en efecto, nunca antes en la historia se había cuestionado hasta tal punto qué es o qué no es una mujer, y en consecuencia, qué es o qué no es un hombre. La condición femenina está, como vaticinaba el filósofo español Julián Marías a comienzos de la década de 1980, en una de las más profundas crisis de su historia.

La generación de Greta Gerwig creció en un contexto cultural en el que iba cristalizando el feminismo de la segunda ola. Este movimiento había eclosionado en la revolución sexual y cultural de 1968, que, tras haber obtenido los derechos civiles y políticos básicos para las mujeres, prosiguió iniciándolas en la reivindicación plena de sus derechos sociales, laborales, y también en la conquista de los llamados *derechos reproductivos* (aborto y anticoncepción), así como del resto de derechos sexuales que el paradigma del amor libre reclamaba para cada individuo.

El feminismo de la segunda ola también supuso el primer cuestionamiento, al hilo de las ideas de escritoras como Betty Friedan o Simone de Beauvoir, del rol y del papel de la mujer tanto en la familia como en la sociedad. Se cuestionó su naturaleza y las convenciones heredadas o transmitidas a través de las instituciones y la cultura. En 1969, la escritora y activista feminista Kate Millett comenzó aplicar el término *patriarcado* a la histórica dominación sexual del varón sobre la mujer, término que años después, en 1986, la historiadora australiana Gerda Lerner amplió a la condición del varón sobre la mujer en todo tipo de ámbitos.

La cuestión del género, entendido como identidad sexual que se construye, iniciaba entonces su andadura como paradigma desde algunos sectores científicos. La influencia del neomarxismo, que tanto fascinaba a los revolucionarios sesentayochistas, llevó a extender el modelo de la lucha de clases a las relaciones entre hombres y mujeres. Se abrió la veda de la lucha de sexos y la idea del oprimido y del opresor pasó a describir la experiencia común de las mujeres a lo largo de la historia, pero con un matiz nuevo: lo opresor ya no eran las clases, sino el lenguaje, que, con sus categorías sexuales impedía ver una realidad no binaria y una sociedad líquida. Se iniciaba el camino de la deconstrucción sexual, que ha llevado incluso a una agria confrontación entre el feminismo más tradicional y los nuevos feminismos de género y *woke*.

La mujer que emergía de esas propuestas a finales del siglo xx tenía que liberarse del hombre, de los antiguos modelos de convivir y de relacionarse. Desligarse del mismo modo que la revolución sexual ya las había liberado de la ropa y del sujetador. Nada de inhibiciones. «La cultura es la inversión de la vida», pintarrajearon por las calles los jóvenes revolucionarios franceses de mayo del 68. A la vez que *Barbie*, a la edición de los premios Óscar de 2024 llegó como favorita una película tremenda, *Pobres criaturas*, del director griego Yorgo Lanthimos. Si la menciono aquí es precisamente porque es el retrato de estas desinhibiciones sesentayochistas, propuestas una vez más como ideal para la mujer contemporánea, a través del personaje de Bella Baxter, que le dio el Óscar a mejor actriz a Emma Stone.

La historia es la siguiente: una mujer que ha intentado suicidarse cae en manos de un científico, está embarazada y él implanta a la joven el cerebro de la niña que lleva en su seno. El resultado es una nueva mujer, con un cuerpo en su plenitud sexual, pero con el cerebro de una niña pequeña que empieza a descubrir el mundo. Sin convenciones ni educación alguna, la joven se deja llevar por sus instintos, en una película muy destructiva y cuyas escenas rozan lo pornográfico. Sin embargo, la historia fue acogida en muchos entornos como un relato feminista de empoderamiento, aunque muy distinto a *Barbie*. Propugnaba el desarrollo y la libertad para las mujeres en una sociedad represiva y muy masculina. La idea de la liberación de la mujer —ya no solo del hombre, sino de todo tipo de convenciones o comportamientos heredados— se lleva al extremo. ¡Si la cultura nos ha oprimido, fuera la cultura! Con independencia de que por el camino nos deshagamos de errores o de aciertos, y olvidando que los seres humanos necesitamos la cultura si no queremos acabar viviendo como animales.

UN MUNDO FEMINISTA

El esfuerzo por visibilizar la presencia de las mujeres en la historia también se ha incrementado de manera notable desde la década de los años setenta del siglo pasado. Las distintas disciplinas académicas, científicas, artísticas... han buscado activamente destacar a quienes, por su condición de mujer, habían quedado relegadas al olvido o en un segundo plano. Por otra parte, conceptos como *paridad* han pasado a ocupar un lugar importante en cualquier institución, y la teoría de género pretende desdibujar las fronteras entre lo masculino y lo femenino, anulando la naturaleza y convirtiendo las identidades en puro deseo personal o en mera cultura. La pregunta «¿Qué es una mujer?» resulta hoy difícil de responder en determinados ambientes, y sus respuestas pueden hacer estallar un polvorín, como hemos visto que sucede en mítines políticos, aulas universitarias y, especialmente, en las redes y en los medios de comunicación.

La generación de Greta Gerwig, los ahora adultos entre treinta y cuarenta y pocos años, se ha iniciado en la vida con esta herencia del feminismo en los años noventa y primeros dos mil. En un contexto en el que ya las mujeres tenían igual acceso que los hombres a la educación y a los distintos entornos laborales, aunque aún hubiera cuestiones por resolver en el plano de la igualdad real de trato o condiciones.

El cine y la literatura también han acompañado a la mujer en esta transformación desde los inicios, creando protagonistas autónomas o heroínas emancipadas, y reflexionando sobre los retos a los que se enfrentaba una mujer en aquel mundo. *Armas de mujer* (1988) se convirtió en icónica al tratar de reflejar el intento de una joven secretaria con ideas propias por sacar adelante su proyecto profesional, en un contexto de competición femenina y un mundo muy masculino. Aunque, paradójicamente, al mismo tiempo que este argumento reivindicaba la inteligencia y la capacidad de la mujer en lo profesional, su protagonista principal, Tess, interpretada por Melanie Griffith, aparece en la pantalla muy sexualizada. No se escatiman los desnudos totalmente gratuitos y ellas emplean su erótica como «arma de mujer». «Tengo una mente para las finanzas y un cuerpo para el pecado, ¿hay algo de malo en eso?», le espeta la protagonista a un asombrado Harrison Ford.

El cine que produjo la revolución de los sesenta y setenta revela así una paradoja: la mujer quiere demostrar su valía más allá del atractivo de su cuerpo y de sus roles tradicionales, pero su cuerpo y su sexualidad quedan más expuestos que nunca, hasta el punto de que las pantallas y la publicidad las convierten en objetos públicos de deseo. Años más tarde, *La teniente O´Neil* (1997) o incluso *Mulán* (1998), el clásico de Disney, son otros ejemplos de un feminismo activo en el que la mujer pelea por demostrar que puede ser quien quiera, huyendo de moldes anticuados y robándole muchos papeles al hombre. Y, ya iniciado el nuevo milenio, películas como *Erin Brockovich* (2000) o *La sonrisa de Mona Lisa* (2003), ambas protagonizadas por Julia Roberts, comienzan a cuestionar los roles de género y a visibilizar historias de mujeres, de ayer y hoy, que puedan ser referentes para las nuevas generaciones.

Este es el humus cultural e ideológico en el que crecieron los *millennials* en relación con la mujer,

«La pregunta "¿Qué es una mujer?" resulta hoy difícil de responder en determinados ambientes, y sus respuestas pueden hacer estallar un polvorín» unas ideas que han ido calando —al menos de manera teórica y muy ideológica— en nuestras sociedades, hasta llegar al día de hoy. El feminismo es un magma complejo en el que se mezclan distintas perspectivas y corrientes, incluso contrapuestas, como hemos mencionado al hilo de la revolución de 1968, la deconstrucción sexual y el actual pensamiento *woke*. Dentro de su activismo encontramos diferentes creencias y siempre numerosas demandas, más o menos similares entre unos y otros grupos, en favor de la igualdad y del reconocimiento pleno de la mujer. Aunque lo que de verdad está ahora en juego es la naturaleza de esa mujer.

En el cine joven e independiente en el que Greta Gerwig comenzó su carrera como actriz, todas estas costumbres y realidades de la mujer del naciente siglo XXI se representaban con la naturalidad de la vida misma. Sus personajes femeninos eran autónomos y profesionales, tan ambiciosos como lo era la propia actriz. Reflejan el despertar de toda una generación que se enfrenta a un modelo de vida que muy pronto les llevaría a entrar en crisis. Jóvenes que se mueven con absoluta libertad en todos los terrenos, que se consideran ciudadanos del mundo y poseen insaciables aspiraciones profesionales, pero que también se sienten solos y desorientados. Son jóvenes que buscan y experimentan con todos los placeres y espejismos que la sociedad les pone al alcance de la mano, desde las drogas hasta el sexo sin responsabilidad, y que acaban preguntándose por la comunicación interpersonal y por el sentido de la vida.

La directora californiana creció en un ámbito privilegiado de continua observación de los modos de vida de su tiempo, en el que maduró un pensamiento y un discurso propios en relación con la mujer y su identidad en el mundo contemporáneo. Sus trayectorias biográfica y cinematográfica se han fundido en un camino de preguntas y respuestas muy coherente, que alcanza con su película *Barbie* una cima muy destacada. Desde su reflexión vital, esta mujer, que cumplió los cuarenta años en agosto de 2024, ha creado un cine que cuestiona algunos de los presupuestos ideológicos del feminismo, y que supone un retorno a la realidad y a la naturaleza de la mujer. Un cine donde hay muchas preguntas y se apuntan interesantes respuestas.

LO DE GERWIG YA ESTÁ EN ALEKSIÉVICH

¿Qué importancia tiene que cada vez haya más mujeres detrás de las cámaras? ¿Es el cine que producen, de suyo, feminista? ¿Qué es un cine *en femenino*? Gerwig apunta una posible respuesta en una entrevista para *La Vanguardia* en 2018: «Lo que más me entusiasma de que las mujeres hagan películas es que sé que van a mostrar cosas que hasta ahora no se consideraban importantes en el cine. Las vidas de las mujeres, la maternidad, la amistad, ser hijas, ser hermanas, ser amigas, en qué consiste ser mujer y qué es lo que nos importa».

Aunque el cine sea un arte joven —apenas tiene más de un siglo—, la mujer ha estado representada y comprendida a lo largo de la historia en todas las artes narrativas. Afirmar lo contrario sería manifestarse como un completo ignorante. Aún recuerdo el impacto que me supuso leer *Anna Karenina* por primera vez, un libro en el que me sentí asombrosamente comprendida y retratada. No creo que la mujer no haya sido nunca entendida, ni valorada, ni considerada auténticamente protagonista. Al contrario: siempre ha tenido un papel importante en la mayor parte de las narraciones, pero cada obra refleja la mentalidad y los esquemas de su tiempo histórico, sin que eso implique una falta de comprensión o valoración de lo femenino.

Por lo tanto, ¿a qué se refiere Gerwig cuando habla de hacer un cine que muestre lo que no se ha mostrado hasta ahora? ¿Qué sería un cine *en femenino*? Sería algo muy parecido a lo que hizo Svetlana Aleksiévich, la escritora bielorrusa Premio Nobel de Literatura en 2015, en su obra *La guerra no tiene rostro de mujer*. Este libro, como la mayor parte de los que escribe, es un compendio de entrevistas; en este caso, recoge la experiencia de más de un millar de mujeres soviéticas que fueron reclutadas por el Ejército de la URSS para combatir como los hombres durante la Segunda Guerra Mundial. Aleksiévich buscó los testimonios femeninos de una historia de la que ya todos conocían la versión oficial e ideológica. Pero lo que quería salvar en el fondo no era solo una verdad histórica, sino conocer *el relato de la diferencia*. Es decir, la manera distinta de vivir la guerra por aquellas mujeres que la habían protagonizado desde el mismo lugar que los hombres.

«Los relatos de las mujeres son diferentes y hablan de otras cosas. La guerra femenina tiene sus colores, sus olores, su iluminación y su espacio. Tiene sus propias palabras. En esta guerra no hay héroes ni hazañas increíbles, tan solo hay seres humanos involucrados en una tarea inhumana. En esta guerra no solo sufren las personas, sino la tierra, los pájaros, los árboles. Todos los que habitan este planeta junto a nosotros. Y sufren en silencio, lo cual es aún más terrible.

Pero ¿por qué?, me preguntaba a menudo. ¿Por qué, después de haberse hecho un lugar en un mundo que era del todo masculino, las mujeres no han sido capaces de defender su historia, sus palabras, sus sentimientos? Falta de confianza. Se nos oculta un mundo entero. Su guerra sigue siendo desconocida...».

Aunque Aleksiévich escribió esta obra en 1983, en un contexto cultural muy distinto al occidental, su planteamiento es muy interesante. La mujer en el siglo XX ha accedido plenamente a lugares antaño reservados al hombre, en este caso la guerra, y ahí realiza los mismos trabajos y busca la igualdad. Pero, por su naturaleza física, así como espiritual y psicológica, vive las mismas experiencias con matices diferentes. Aquellas mujeres enroladas en el frente soviético se encontraron en primer lugar con un escenario que desde hacía milenios estaba preparado para ellos. Ellas no tenían uniformes acordes con su cuerpo ni botas de su talla, algunas armas les resultaban demasiado pesadas, la menstruación se volvía algo muy sucio e incómodo y les faltaban los enseres básicos para la higiene femenina. Además, había otras cosas aparentemente pequeñas, pero que no por ello dejaban de tener importancia. El ritual de que les cortasen el pelo a lo chico, perdiendo así las trenzas que habían dejado crecer durante tanto tiempo, a muchas les suponía un desgarro. Por no hablar de lo que no se ve, como lo insoportable que les resultaba, a su vuelta a la vida normal, «pasar por el mercado y ver las tablas de los carniceros teñidas de rojo».

La cuestión de la maternidad —no necesariamente física— también llevó a las mujeres a protagonizar sucesos muy impactantes. Al paso de los prisioneros alemanes por un pueblo ruso, muchos niños comenzaron a apedrearlos, como se acostumbraba durante la guerra. Pero, en aquella ocasión, las mujeres soviéticas, al adivinar la juventud de esos soldados enemigos, llegaron a abofetear a sus propios hijos para detener ese ataque, mientras lloraban al ver desfilar a aquellos alemanes, hijos de otras mujeres, que un día no muy lejano les habían visto marchar para siempre.

Esta sensibilidad y los trazos de su particular humanidad es lo que Aleksiévich rastrea en un relato que habla de las diferencias sin menoscabar por ello la dignidad e igualdad de hombres y mujeres. Las historias que Gerwig quiere contar con su cine buscan algo parecido, pero sin la necesidad de un contexto tan extraordinario. Quiere retratar la manera de vivir de las mujeres de su tiempo, con los afanes que poseen como generación y los dilemas a los que se enfrentan. Quiere plasmar los matices de las mujeres siendo madres, hijas, hermanas, amigas o esposas. De vidas plenas que merecen ser vividas.

Es evidente que la cantidad de mujeres que han dirigido películas es aún inferior a la de hombres. Y aunque muchos hombres comparten su sensibilidad y son capaces de comprender al sexo opuesto, hay aún vivencias femeninas a las que, por causas históricas y culturales, no se les ha dado mayor importancia; o realidades a las que la mujer se enfrenta por primera vez este siglo. Desde su distinta manera de vivir y abordar la sexualidad respecto al hombre o las consecuencias que tiene en ella todo lo que rodea a la liberación sexual y los nuevos derechos, hasta el reto de vivir su maternidad en una sociedad en la que los ideales de entrega y servicio desinteresados se desprecian (cuando no se consideran represivos). Por lo tanto, como también ha afirmado Gerwig, que las mujeres hagan cine nos proporciona a todos una visión más completa de lo que implica ser humano. Es una riqueza, no un ajuste de cuentas.

EL *FEMINISMO VITAL*

La escritora nigeriana Chimamanda Ngozi Adichie, en el año 2012, pronunció una conferencia en el TEDxEuston en Londres, bajo el título «Todos deberíamos ser feministas», que muy pronto se popularizó. Gerwig comparte la lógica de Adichie y su idea del feminismo. La escritora pidió despojar al movimiento de sus estereotipos y connotaciones, en especial de dos prejuicios: que es algo solo de mujeres y que busca ganar al hombre en una revancha histórica. Antes de que ella conociese el significado de la palabra *feminista*, muchos comenzaron a aplicarle ese adjetivo a su literatura y a sus ideas. Y otros la prevenían contra él, hasta el punto de que se encontró teniendo que justificarse. «Me vi obligada a aclarar que era una feminista africana feliz, que no odiaba a los hombres y que usaba pintalabios y tacones altos por gusto propio, no para agradar a nadie». Adichie es una feminista que debe explicitar su creencia de que hombres y mujeres somos distintos, que poseemos hormonas en cantidades variables y órganos sexuales diferentes, y que por lo tanto tenemos capacidades biológicas diferentes. La más radical es que las mujeres pueden gestar una nueva vida en su interior, y los hombres no.

Esa afirmación de sentido común convive en ella con el reconocimiento de que perviven en nuestro tiempo algunas convenciones de género, es decir, elementos de tipo cultural que, especialmente en el ámbito público o en esferas relacionadas con el poder, otorgan al hombre un estatus superior. O convenciones culturales que, en el resto de ámbitos de la vida, siguen diciéndonos cómo debemos ser hombres y mujeres, en vez de reconocer cómo realmente somos cada uno.

En comprender esa tensión entre naturaleza y cultura radica una parte no menor de los malentendidos sobre las mujeres y el feminismo (y el ser humano en general). Somos *seres culturales* del mismo modo en que somos *seres naturales*. Nuestra identidad se configura en ese diálogo y tan absurdo es tratar de abolir la cultura como intentar anular la naturaleza.

No estamos totalmente determinados por nuestra naturaleza ni nuestro instinto. No somos abejas que llevamos haciendo las colmenas del mismo modo durante milenios, sino que hemos pasado por todo tipo de estilos arquitectónicos para nuestros hogares, que, eso sí, han estado condicionados por el entorno, por nuestros conocimientos técnicos y científicos, por el tipo de materiales a nuestra disposición, y, por supuesto, por el sentido estético.

Pero que la naturaleza no nos determine en la mayor parte de los aspectos de nuestra vida no significa que nuestra naturaleza no exista o que sea opcional y que esté al albur de nuestra libertad. No: si naces hombre ya no puedes ser perro, ni árbol, ni piedra... ni tampoco mujer. Somos una naturaleza sexuada. Y nuestra libertad no es una autonomía radical ni absoluta, tal y como la modernidad ha pretendido hacernos creer, sino que es más bien la capacidad que tenemos de elegir lo mejor para nosotros en relación con lo que somos. Esta capacidad implica también poder elegir mal. Alguien podría escoger entre vivir en una casa o vivir en la caseta del perro, pero desde luego la opción más acorde con su naturaleza y dignidad es la que le permite vivir como un ser humano y no como un animal.

El filósofo español José Ortega y Gasset definía la cultura en su libro *Misión de la universidad* como «el sistema de ideas vivas que cada tiempo posee. Mejor: el sistema de ideas desde las cuales el tiempo vive. Porque no hay remedio ni evasión posible: el hombre vive siempre desde unas ideas determinadas, que constituyen el suelo donde apoya su existencia». Comprender las ideas vivas de cada época nos lleva a entender la historia y a no pedirle peras al olmo. Los conceptos de *igualdad* y de *gé-*

nero, que hoy manejamos con tanta soltura, le resultarían absurdos e incomprensibles a una mujer, noble o campesina, del siglo XIII.

En las sociedades occidentales que nos precedieron, hombres y mujeres se entendían como iguales en naturaleza pero con diferencias evidentes que determinaban sus roles, en una sociedad que hasta el siglo XVIII se organizaba por estamentos según la función social de cada persona. La cuestión de la diferencia no siempre ha tenido la carga tan peyorativa que ha adquirido en los últimos dos siglos. La idea de igualdad contemporánea, nacida de la Ilustración y las revoluciones liberales, paradójicamente coincidió con el encasillamiento de la mujer como ser de segunda fila por algunos pensadores ilustrados, lo que provocó el surgimiento de los primeros movimientos feministas en el siglo XIX. Por eso, argumentar que todas las mujeres han estado oprimidas hasta la llegada del feminismo, y que han experimentado esa opresión tal como la entendemos hoy, es mirar el pasado con unas gafas muy mal graduadas y que lo deforman, olvidando que la historia, como decía el historiador español Juan Pablo Fusi, es «estupefaciente»: cada realidad histórica, mirada honestamente, nos deja «estupefactos» y siempre supera y mejora la ficción. Las ideologías, no lo olvidemos, son las grandes ficciones del mundo contemporáneo: una manera de explicar el mundo a la medida del hombre después de haber desterrado a Dios de la ecuación. Y en gran medida es esto lo que se propugna desde las corrientes del actual feminismo *woke*, que busca acabar con la idea de los dos sexos y que entiende el género como un mero constructo cultural, obviando la base biológica.

La forma en que Adichie y tantas otras mujeres entienden el feminismo no se ha ideologizado de esa manera: es un feminismo que implica el reconocimiento mutuo entre hombres y mujeres y la libertad de ser cada uno como somos, pero siempre dentro de las múltiples posibilidades que nos permite nuestra condición de *seres culturales* y *naturales*. Rechaza la confrontación o la dominación de un género sobre otro. Identifican el feminismo como el pensamiento propio de un nuevo estadio de la humanidad, en el que se detectaron algunos corsés impuestos sobre la manera de ser hombres o mujeres, y habiéndolos detectado los hemos querido eliminar. Pero quizás queden restos de alguno o nos hayamos impuesto otros nuevos, de ahí que esta manera de ver el mundo siga vigente. Así terminaba Adichie su conferencia en el TEDxEuston: «La definición que doy yo es que *feminista* es todo aquel hombre o mujer que dice: "Sí, hay un problema con la situación de género hoy en día y tenemos que solucionarlo, tenemos que mejorar las cosas. Y tenemos que mejorarlas entre *todos*, hombres y mujeres"».

«Aleksiévich quiere retratar la manera de vivir de las mujeres de su tiempo, con los afanes que poseen como generación y los dilemas a los que se enfrentan. Quiere plasmar los matices de las mujeres siendo madres, hijas, hermanas, amigas o esposas»

Esta definición puede ser cuestionada o rebatida. También se puede discutir la pertinencia de emplear el término *feminista* para definir algo que es, en definitiva, entender a fondo qué es el ser humano. Las palabras y los conceptos no están vacíos, sino que arrastran historia y significados, y el concepto de *feminismo* se ha ido alimentando de muchos aditivos no siempre saludables. Lo importante aquí es entender que lo que defiende Adichie es la idea de feminismo que posee Gerwig y a la que en gran medida se adscribe su cine.

Y si al feminismo de Gerwig además lo he llamado *vital* es porque el camino que recorre para explicar estas ideas, y el sustrato que las nutre, es su propia experiencia. Su cine es muy autobiográfico, sus historias son ficciones personales, siguiendo la estela de grandes directores como Truffaut, a quien Gerwig admira. Ya hemos hablado de cómo su paso por el *indie* la habituó a llevar a la pantalla las reflexiones y experiencias de su propia generación, especialmente las que vivía en primera persona. Gerwig no ha abandonado esta costumbre; al contrario, la ha ido puliendo hasta convertir lo particular en universal. Bajo sus historias hay siempre un retrato y una cavilación sobre aspectos concretos de la vida de la mujer *millennial*; con independencia de que haga una película sobre el fin de la adolescencia (*Lady Bird*), una cinta de época (*Mujercitas*) o que juegue a que las muñecas viven de verdad

(*Barbie*). Así llega al meollo de la cuestión: ¿quiénes somos? ¿Qué significa vivir?

Esa forma de mirar honesta, individual y existencial, que comprende tanto la dimensión natural como la cultural de la mujer —y puede reconocer, por eso, tanto las injusticias como los desatinos ideológicos— es lo que yo llamo *feminismo vital*. Un concepto que en cierto sentido podría considerarse redundante, puesto que el dar vida (ya sea en sentido físico o espiritual) es una de las realidades que atraviesa de manera más íntima el ser de la mujer; pero sobre todo es un concepto que quiere enfatizar el carácter existencial del proceso y en el que englobo esta nueva corriente de mujeres contemporáneas que, desde la reflexión sobre su propia vida y el arte, están cuestionando sin ser beligerantes muchos presupuestos del *mainstream* feminista y del pensamiento *woke*.

Muchas de las experiencias e inquietudes que retratan son comunes a hombres y mujeres, por eso Gerwig también afirmará que lo que busca desde su razón vital como mujer es al final algo humano, compartido con el hombre, compañero de viaje y de destino.

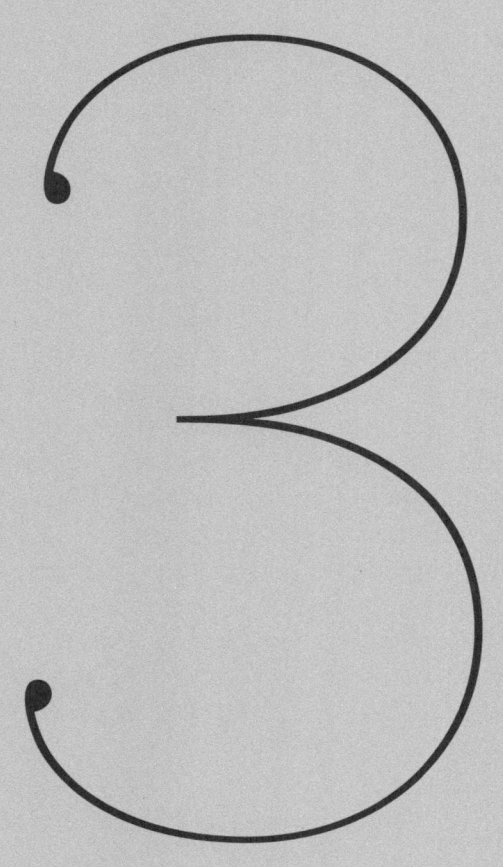

Barbie en zapatillas

Barbie eres tú. Esta historia busca apelar a cada uno y hacerle despertar. Vivir es urgente y el negocio más decisivo que tenemos entre manos. La vida real es mucho más rica y compleja que todas las teorías que podamos crear para explicarla o justificarla. Las ideologías no se conforman con describir, sino que buscan activamente transformar el mundo para convertirlo en aquello que entienden como lo ideal. El anhelo de perfección lo llevamos muy dentro y es insaciable, no en vano C. S. Lewis decía que «si encuentras en tu interior un deseo que nada en este mundo puede satisfacer, la explicación más probable es que has sido hecho para otro mundo». El problema llega si nos obsesionamos con ese deseo y tratamos de satisfacerlo justificando cualquier medio.

Cuando el feminismo se ideologiza y se convierte en una de esas ideas que tratan de moldear la sociedad bajo su patrón, es importante ser consciente y detectar las fallas. Historias como *Barbie* muestran que uno de los antídotos más eficaces contra cualquier ideología es la propia vida, pero la real, no la imaginada. Esto es lo que predica el *feminismo vital*, que no es algo exclusivo de Gerwig, sino que parece aflorar en estos momentos desde otros muchos lugares de la cultura contemporánea. Con distintos formatos y protagonistas, entre los cuales hay, curiosamente, muchos *millennials*. También en el cine español.

En efecto, cada vez más mujeres están situándose detrás de las cámaras. Directoras como Carla Simón, Alauda Ruiz de Azúa o Pilar Palomero son ejemplos de un nuevo cine en España. Uno de los aspectos más llamativos de sus películas es la mirada honesta hacia la realidad de las mujeres y la despolitización de su causa. Han creado historias muy variadas donde destaca el protagonismo de las familias, las relaciones matrimoniales, la maternidad y la mujer. Son películas en las que se abordan las experiencias de gente corriente y en las que, con un estilo sencillo pero incisivo, tocan el nervio de algunas de las grandes preguntas que orbitan en torno a estos temas. Y desde su condición de mujeres, e incluso basadas en su propia experiencia, reflejan muchos de los matices de los relatos *en femenino* que hemos descrito en páginas anteriores.

LA FAMILIA: CARLA SIMÓN

De pequeña, la cineasta Carla Simón (Barcelona, 1986) perdió a sus padres a causa del sida, y pasó a vivir con sus tíos. El duelo de esa niña de pocos años, que no entendía muy bien qué estaba ocurriendo, quedó inmortalizado en su *opera prima*, *Verano 1993* (2017). Impresiona la exquisita delicadeza con la que se describen los esfuerzos del matrimonio, que tienen a su vez una niña, por acoger a esa nueva hija, así como el retrato del proceso interior que experimenta la pequeña. Un proceso al que no puede poner palabras, pero que la cineasta es capaz de describir con imágenes. El sufrimiento, la comprensión y, más que nada, el amor incondicional de una familia se transmiten de manera muy veraz y cotidiana.

Precisamente por las dolorosas circunstancias que rodearon su infancia, Simón ha crecido con una idea muy arraigada y extensa del sentido de la familia, algo que volvió a representar en *Alcarràs* (2022), la historia de un linaje de agricultores melocotoneros a los que las nuevas tecnologías amenazan con quitarles sus tierras. Sorprende la capacidad de retratar esos vínculos invisibles entre abuelos, nietos, padres, hijos, tíos y sobrinos. En especial, cuando el modelo parece estar en crisis o en peligro de extinción. Ambas películas dejan en el espectador sentimientos agridulces, pero sobre todo la idea fundamental de que el primer entorno en el que aprendemos a ser humanos tiene un valor único.

En septiembre del año 2022, también salió a la luz un cortometraje suyo muy revelador. Se titula *Carta a mi madre para mi hijo*. La directora acababa de tener un hijo y su película es una misiva audiovisual a su madre fallecida. A través de material de cine doméstico y documental de su propia casa, y también con algunos fragmentos recreados, deja a su hijo un retrato de sus abuelos muertos y en general de toda su estirpe. Cuenta a abuela y nieto las tradiciones, la historia familiar, las canciones, paisajes y poemas que forman parte de esa corriente viva a la que él se acaba de incorporar. Es, en definitiva, una honda exploración de la maternidad y de la identidad que brota de lo real, nada teórica sino luminosa y muy vital. Necesitamos las raíces para poder habitar el mundo.

Nuestras formas de vida han cambiado mucho, los hogares de hoy son más pequeños, en general ya no vivimos en un gran núcleo, rodeados de abuelos, tíos o primos a los que vemos crecer y envejecer, sino que las demandas profesionales, la gran movilidad e incluso el individualismo han fragmentado nuestra experiencia de la familia. A esto se suma el hecho de la fragilidad que poseen los lazos matrimoniales a día de hoy. La legalización del divorcio en los años ochenta del siglo pasado y las distintas medidas que nos han llevado a alcanzar el divorcio exprés y simplificado han ido generando una nueva idea del significado del matrimonio desde una perspectiva social. Las casuísticas son infinitas. Carla Simón comparte, sin afán impositivo, la belleza de una comunidad en la que ella encuentra el arraigo y el sentido para seguir viviendo.

EL QUERER: ALAUDA RUIZ DE AZÚA

La directora vasca Alauda Ruiz de Azúa (Baracaldo, 1978) conmocionó en la 70.ª edición del Festival de Cine de San Sebastián en el año 2022. Se estrenaba su primera película, *Cinco Lobitos*, una historia que también giraba en torno a la maternidad. Amaia es una joven que da a luz a su primera hija, fruto de la relación con su novio, con quien vive en Madrid. El trabajo de él le obliga a viajar y ausentarse temporadas largas. Desbordada por la situación y presionada por un trabajo al que debe reincorporarse, decide volver a casa de sus padres en el País Vasco. Necesita ayuda.

La experiencia de la vuelta a casa se convierte para ella en un viaje de madurez: su nueva condición de madre la lleva a entender con ojos nuevos la historia de sus propios padres, un matrimonio ya mayor en el que ha habido encuentros y desencuentros. La llegada de la nieta los va transformando a todos, pero es la inesperada enfermedad de la madre de Amaia la que lleva a la joven a dejar de ser hija para convertirse realmente en madre. Es un retrato crudo y honesto de las curvas que a veces trae la vida, pero impregnado de comprensión y compasión hacia unos personajes tremendamente humanos. Hay muchas cuestiones implícitas: ¿cuál es la naturaleza del amor?, ¿qué sentido tiene que dos personas permanezcan juntas cuando ambos se decepcionan?, ¿es sostenible el estilo de vida profesional y familiar que estamos promoviendo?, ¿estamos preparados para la enfermedad y el cuidado de nuestros padres?

Muy lejos de querer dar una respuesta cerrada o de proponer un modelo, invita a reflexionar sobre cuestiones a las que tarde o temprano todos tenemos que enfrentarnos. Especialmente esta generación *millennial*, ciudadana del mundo, acostumbrada a la independencia y la autonomía, que ha llegado más tarde a la maternidad y que la tiene que hacer compatible con estándares profesionales muy exigentes.

Tanto Simón como Ruiz de Azúa se alejan de un esbozo ideológico y reivindicativo de la condición femenina, y quizás por eso retratan con una fuerza inusitada las realidades que enfrenta la mujer contemporánea. Ni se desprecia ni se idealiza la maternidad o la familia. Creo que *honestidad* es la palabra que mejor define la mirada de estas directoras, incluso a la hora de tocar temas muy polémicos también vinculados con el feminismo.

En 2024, Ruiz de Azúa estrenó una serie adulta y muy compleja, *Querer*. Es la historia de una mujer, con dos hijos mayores ya fuera de casa, que decide abandonar a su marido e interponer una denuncia por abuso continuado dentro del matrimonio durante treinta años. En cuatro capítulos de alta intensidad emocional se narra el proceso del juicio y la manera en que lo vive cada uno de los personajes.

Más allá de la violencia doméstica, se tocan también temas tan peliagudos como el adulterio, la bisexualidad, los modelos transmitidos de padres a hijos, los trastornos psicológicos, las distintas vivencias de la sexualidad... No es desde luego un plato de fácil digestión, pero lo que me interesa señalar, porque sigue la misma estela del feminismo vital, es que la historia busca comprender en su complejidad a los personajes y entender el necesario cambio de sensibilidad hacia comportamientos que dañan cualquier relación. No es, contra lo que podría parecer, un ataque a la masculinidad tradicional que refuerza los estereotipos negativos sobre los hombres. Hay varios retratos masculinos en la historia y cada uno acaba por revelar un sentido distinto en la trama.

El feminismo ha enarbolado muchas de estas causas, hasta el punto de haber ideologizado algunas en exceso. Pero los planteamientos que hay en la historia de Ruiz de Azúa son muy humanos, no hay sesgos tajantes ni manipulación emocional del espectador, la narrativa juega con la ambigüedad y evidencia la cara y la cruz de cada uno de los personajes. La serie invita a reflexionar sobre numerosos temas que hoy nos importan como sociedad. El propio título, *Querer*, alude al que es probablemente el hecho fundamental de nuestras vidas. La de Ruiz de Azúa es una ficción audaz y valiente, aunque también muy cruda en algunos momentos de la representación.

EL CUIDADO: PILAR PALOMERO

De las vicisitudes del querer también habla Pilar Palomero (Zaragoza, 1980) en su última película, *Los destellos* (2024), donde además aborda otro gran tema de debate público: los cuidados de un enfermo terminal. En el año 2021, España se sumó a los países que han legalizado la eutanasia, una práctica que refleja el concepto de libertad como autonomía radical. La historia de un matrimonio separado, en el que ella vuelve a atender a su marido durante la última etapa de su enfermedad, deja ver cómo en nosotros hay lazos muy profundos,

«La trayectoria y la obra de estas mujeres muestran que la reflexión sobre la vida real puede hacer saltar los muros ideológicos y descubrir una realidad más luminosa» que pueden sobrevivir a errores personales y procesos de separación. La reflexión sobre la vida, y en este caso también sobre la muerte, que realizan los protagonistas es muy valiosa desde un punto de vista humano, sobre todo porque, como hemos visto en Barbieland, vivimos en una cultura que elude una cuestión a la que no logra dar sentido.

Palomero ya había rodado dos películas de marcado acento femenino. *Las niñas* (2020) fue su primera obra, una historia autobiográfica, que también explora el paso de una niña a mujer desde las experiencias cotidianas de una adolescente que vive sola con su madre. En el año 2022 nos sorprendió con *La maternal*, inspirada en historias reales que la cineasta conoció de primera mano en una institución de acogida para madres adolescentes de Cataluña. La cinta comienza con dos jóvenes que ven pornografía a través del teléfono móvil, para, a continuación, mantener relaciones. Ella, Carla, se queda embarazada, y pronto descubrimos su situación vital: es hija de una madre soltera, una mujer de treinta años que sigue llevando el ritmo de vida de una adolescente y que no cuida demasiado de la joven. Los servicios sociales la llevan a La Maternal y allí convive con chicas de su edad que también son madres, y que aprenden a serlo gracias al cariño y la exigencia de sus cuidadores.

La película parte de la premisa de una sociedad que normaliza —e incluso, en ocasiones, alienta—

las relaciones sexuales adolescentes y que no está preparada para las consecuencias naturales que pueden derivarse de ellas: los hijos. Carla es una niña que necesita urgentemente una madre y que, a la vez, tiene que convertirse en una. La película es el aprendizaje de ambas, pero ante todo es una cruda exposición de la realidad de estas jóvenes sobre la que la directora no se posiciona. Deja hablar a muchas de las protagonistas —que no son actrices profesionales pero sí madres adolescentes en la vida real— y muestra las luces y las sombras que rodean hoy a su condición. Una vez más, es una mirada honesta hacia la mujer contemporánea en el marco de nuestra sociedad. No hay en ella un discurso dirigido, sino la visibilización de experiencias femeninas desde ángulos tan novedosos como necesarios. Nuevos retratos.

LA FE: ANA IRIS SIMÓN

Sin duda alguna se pueden catalogar estas obras dentro de ese concepto de *feminismo vital* que hemos descrito: son cineastas que no buscan la notoriedad bajo una etiqueta de moda, es decir, no encasillan sus producciones como feministas. «Si digo que *Las niñas* es una película *feminista*, la estoy limitando», respondió Pilar Palomero a un periodista que buscaba su posicionamiento. No quieren hacer un cine de activismo político y social, ni están denunciando o reivindicando su lugar en el séptimo arte. No, simplemente están haciendo lo que les gusta hacer en un mundo en el que se ha normalizado la incorporación de la mujer a todos los entornos laborales y donde poco a poco van llegando a lugares en los que antes no estaban. Y con ellas llega una voz nueva que no necesita de ninguna causa política para demostrar lo que vale.

Las connotaciones que tiene la palabra *feminismo* también han llevado a otra de las voces más significativas de nuestro panorama cultural, la escritora y columnista Ana Iris Simón (Campo de Criptana, 1991), a rechazar activamente ser catalogada como tal. Sin embargo, su propia historia es también un ejemplo de cómo la reflexión sobre la vida real puede hacer saltar los muros ideológicos y descubrir una realidad más luminosa. Esta escritora castellano-manchega se dio a conocer en el año 2020 con su libro *Feria*. Un curioso relato autobiográfico en el que descubre la vida más allá de los discursos oficiales. Como muchos otros *millennials*, Ana Iris también deseaba marcharse de su pueblo natal para estudiar. Quería ser periodista, viajar, estudiar todo lo posible y vivir en Madrid exprimiendo cada experiencia. Nacida en una tradición familiar muy vinculada al comunismo y las clases trabajadoras, tenía también inquietudes sociales y un deseo grande de cambio que la llevaron a participar activamente en el movimiento 15M.

Cuando a los veintiocho años cayó en la cuenta de que, a su edad, sus padres ya tenían dos hijos, una hipoteca y un coche, mientras que ella seguía compartiendo piso y baldas de la nevera, no tenía trabajo estable ni podía en esas circunstancias plantearse tener hijos, comprendió algunas de las falacias a las que lleva el discurso social predominante bajo la idea de *progreso*.

Se nos hace creer que vivimos mejor que nunca: comodidades, estudios, experiencias, bienes de consumo... y esto silencia el hecho de que, quizás, estos planteamientos desprecian las realidades más hondas de la vida humana, las que le dan sentido. Son verdades muy parecidas a las que encontró Barbie en su viaje. Este descubrimiento empujó a Ana Iris de vuelta a sus raíces, a un relato familiar a través del cual se encontró auténticamente a sí misma.

En una entrevista para *El Debate* en el año 2022 la escritora contó que, cuando terminó el manuscrito, pensó que había escrito un libro sobre Dios. Una declaración que puede resultar sorprendente para quien haya leído *Feria*, pero no haya seguido la trayectoria de esta joven, actualmente madre de dos hijos y afincada en Aranjuez. A la luz de su historia, esta afirmación es muy comprensible. En su libro hay un gran homenaje a sus abuelas, Mari Cruz y

María Solo, mujeres de un tiempo que pretendemos haber superado y mejorado. A través de la contemplación de la vida de ambas, y tras su muerte, Ana Iris comprendió que quizás en muchos aspectos, sus abuelas habían sido especialmente afortunadas:

«También pensaba, cuando iba al pueblo y me abría la puerta y la abrazaba mientras me decía *hermosona* y me daba besos, en que aquello que escribió León Bloy, lo de que la única tragedia en esta vida es no ser santo, era verdad. Y en que mi única tragedia, en que la única tragedia de toda persona que conocía era, por tanto, no ser mi abuela Mari Cruz».

Veía en ellas la vida de unas mujeres que habían dejado tras de sí un legado familiar fecundo y perdurable, y que habían conjugado en sus mejores formas el verbo *querer*. Esto le apelaba. Su ejemplo vital le hizo redescubrir lo humano e incluso lo divino, pues al tiempo que escribía estaba iniciando un proceso de conversión religiosa. De ahí su sensación de haber escrito un libro sobre Dios, aunque no fuera este un tema demasiado abordado en la historia.

Si empezamos el ensayo hablando sobre la muerte, estas reflexiones lo cierran comprobando que, en efecto, es la gran pregunta por cómo queremos vivir nuestra vida. La vida culminada de las abuelas de Ana Iris Simón es uno de los modelos presentes para la joven, que ha descubierto que el rechazo indiscriminado del pasado, bajo la proclama ideológica del progreso, es profundamente destructivo y desesperanzador. El de Ana Iris también parece que ha sido un ascenso por los tres niveles que Gerwig retrata en *Barbie*. Más allá de la ideología, la vida nos pone delante muchos senderos para acceder a nuestra verdad última. Y es fascinante asistir a esta evidencia.

Barbie sigue bailando

El ejemplo de todas estas mujeres es muy esperanzador. La historia nos ha demostrado en muchas ocasiones que la vida vence tarde o temprano a la ideología. Que en nuestro entorno algunas de las mejores voces estén hablando con tanta fuerza y sinceridad de la realidad de la mujer, *millennial* o no, supone un soplo de aire fresco tras décadas de gran ideologización en torno al discurso feminista.

Desde *Barbie* hasta películas de factura más sencilla, como las de Carla Simón, Alauda Ruiz de Azúa, Pilar Palomero o los textos de Ana Iris Simón, hemos podido comprobar que mujeres de orígenes muy diferentes dejan de lado el discurso político para dar voz a mujeres reales y reflejar experiencias vividas. No quieren realizar proclamas sino pensar con honestidad un tiempo nuevo. Y desde ahí están volviendo a revalorizar aspectos como la maternidad, la familia, la dimensión profesional o las relaciones personales, desde perspectivas muy humanas, sin miedo a profundizar en entresijos incómodos o políticamente incorrectos.

Si en nombre del progreso o de una liberación de la mujer perdemos las raíces y lo que tienen de verdadera savia transmitida durante generaciones, quedaremos como náufragos en medio de un mar tumultuoso, sin tener puntos de anclaje y a merced de cualquier viento. Es lógico que en ese entorno la identidad se tambalee, y que, por lo tanto, como decía Julián Marías, la mujer enfrente ahora uno de los mayores retos de su historia. No se trata de crear una mujer nueva sino de volver a aceptar lo que es una mujer, lo que son cada una de las mujeres, y desde ahí construir una sociedad común en la que cada uno podamos dar lo mejor de nosotros mismos y, sobre todo, donde logremos la felicidad que está a nuestro alcance en esta tierra.

Barbie nos recuerda que el mundo ni es ni puede ser perfecto. La aceptación y la gratitud son también algunos de los destellos de verdad que existen en las obras de muchas de las mujeres que han ido saliendo en estas páginas. No son conformistas, sino que desde su ser particular señalan caminos de mejora a través de ese *feminismo vital*. Un feminismo que no es otra cosa que tratar de recordarle al mundo que, al mismo tiempo que iguales, hombres y mujeres somos también diferentes, y que quizás ciertas ideas están alejándonos de nuestra verdadera identidad. Estamos llamados a alcanzar una felicidad que se encuentra en lugares más profundos que los propuestos por el mercado de consumo.

El reto de los *millennials* y de las siguientes generaciones es redescubrirlo, tomar el testigo de lo mejor que nos ha legado nuestra cultura y transmitirlo de manera nueva a quienes vienen detrás. Y que la pregunta por la muerte —y por la vida— no nos haga nunca dejar de bailar.

BIBLIOGRAFÍA

ADICHIE, CH. (2015). *Todos deberíamos ser feministas*. Barcelona, Random House.
TEDxEuston en Londres (2012):
https://www.youtube.com/watch?v=yndc5AbTxvE

ALEXSIÉVCH, S. (2016). *La guerra no tiene rostro de mujer*. Barcelona, Debate.

BACHIOCHI, E. (2025). *Recuperar una visión perdida*, Pamplona, Eunsa.

EBERSTAD, M. (2020). *Gritos primigenios*. Madrid, Rialp.

EL SALTO (5 de marzo, 2021). «Pilar Palomero: "si digo que *Las niñas* es una película feminista, la estoy limitando"», https://www.elsaltodiario.com/cine/pilar-palomero-si-digo-que-las-ninas-es-una-pelicula-feminista-la-estoy-limitando

FUSI, J. (2012). *Historia mínima de España*. Madrid, Turner.

LA VANGUARDIA (27 de febrero, 2018). «*Sabía que tenía que tirarme a un precipicio*». https://www.lavanguardia.com/cine/20180227/441114710803/oscars-2018-greta-gerwig-directora-lady-bird.html

LERNER, G. (2017). *La creación del patriarcado*. Pamplona, Katakrak.

MARÍAS, J. (1990). *La mujer en el siglo XX*. Madrid, Alianza Editorial.
(1998) *Antropología metafísica*. Madrid, Alianza Editorial.

MILLET, K. (2017). *Política sexual*. Madrid, Cátedra.

MORALES, R. (2022). «Ana Iris Simón: mi experiencia de Dios viene impulsada por el otro». Entrevista audiovisual en *El Debate, Serie 100 españoles y Dios #3* https://www.eldebate.com/religion/20220421/ana-iris-simon-mi-experiencia-dios-viene-impulsada-otro.html

ORTEGA Y GASSET, J. (2015). *Misión de la Universidad*. Madrid, Cátedra.

PASKIN, W. (2023). «*Barbie*»: *el trabajo soñado de Greta Gerwig. New York Times*, Nueva York. https://www.nytimes.com/es/2023/07/20/magazine/barbie-greta-gerwig.html

PÉREZ, G. (2016). *De heroínas y mujeres. La trayectoria cinematográfica del personaje de Lady Marian.* Arbor, *192*(779), a320. https://doi.org/10.3989/

PÉREZ, P. (2024). *De mayo del 68 a la cultura woke.* Madrid, Palabra.

SIMÓN, A. (2021). *Feria.* Madrid, Círculo de tiza.

Filmografía citada

Alcarrás (2022), Carla Simón.

Armas de mujer (1988), Mike Nichols.

Barbie (2023), Greta Gerwig.

Carta a mi madre para mi hijo (2022), Carla Simón.

Cinco Lobitos (2022), Alauda Ruíz de Azúa.

Days and Weekends (2008), Joe Swmaberg.

Erin Brockovich (2000), Steven Soderbergh.

Frances Ha (2012), Noah Baumbach.

Hannah Takes the Stairs (2007), Joe Swamberg.

La maternal (2022), Pilar Palomero.

La sonrisa de Mona Lisa (2003), Mike Newell.

La teniente O´Neil (1997), Ridley Scott.

Lady Bird (2017), Greta Gerwig.

Las niñas (2020), Pilar Palomero.

LOL (2008), Joe Swamberg.

Los destellos (2024), Pilar Palomero.

Mistress America (2015),Noah Baumbach.

Mujercitas (2019), Greta Gerwig.

Mulán (1998), Disney.

Pobres criaturas (2024), Yorgo Lanthimos.

Querer (2024), Alauda Ruíz de Azúa.

Verano 1993 (2017), Carla Simón.

*Este libro se terminó de
imprimir cuando florecía la
primavera del 2025*